BEI GRIN MACHT SICH IHR WISSEN BEZAHLT

- Wir veröffentlichen Ihre Hausarbeit, Bachelor- und Masterarbeit

- Ihr eigenes eBook und Buch - weltweit in allen wichtigen Shops

- Verdienen Sie an jedem Verkauf

Jetzt bei www.GRIN.com hochladen und kostenlos publizieren

Bibliografische Information der Deutschen Nationalbibliothek:

Die Deutsche Bibliothek verzeichnet diese Publikation in der Deutschen Nationalbibliografie; detaillierte bibliografische Daten sind im Internet über http://dnb.d-nb.de/ abrufbar.

Dieses Werk sowie alle darin enthaltenen einzelnen Beiträge und Abbildungen sind urheberrechtlich geschützt. Jede Verwertung, die nicht ausdrücklich vom Urheberrechtsschutz zugelassen ist, bedarf der vorherigen Zustimmung des Verlages. Das gilt insbesondere für Vervielfältigungen, Bearbeitungen, Übersetzungen, Mikroverfilmungen, Auswertungen durch Datenbanken und für die Einspeicherung und Verarbeitung in elektronische Systeme. Alle Rechte, auch die des auszugsweisen Nachdrucks, der fotomechanischen Wiedergabe (einschließlich Mikrokopie) sowie der Auswertung durch Datenbanken oder ähnliche Einrichtungen, vorbehalten.

Impressum:

Copyright © 2014 GRIN Verlag
Druck und Bindung: Books on Demand GmbH, Norderstedt Germany
ISBN: 9783668635296

Dieses Buch bei GRIN:

https://www.grin.com/document/387509

Florian Biela

Verbinden eines F-Steckers mit einen Koaxialkabel (Unterweisung Informationselektroniker/in)

GRIN - Your knowledge has value

Der GRIN Verlag publiziert seit 1998 wissenschaftliche Arbeiten von Studenten, Hochschullehrern und anderen Akademikern als eBook und gedrucktes Buch. Die Verlagswebsite www.grin.com ist die ideale Plattform zur Veröffentlichung von Hausarbeiten, Abschlussarbeiten, wissenschaftlichen Aufsätzen, Dissertationen und Fachbüchern.

Besuchen Sie uns im Internet:

http://www.grin.com/

http://www.facebook.com/grincom

http://www.twitter.com/grin_com

1. Einleitung

Die Qualität einer Ausbildung ist stets von der Durchführung einer Arbeitsunterweisung abhängig. Um die Ausbilder immer auf dem neusten Stand zu halten, sind dem Unternehmen Schulungen sehr wichtig. Diese Unterweisung entstand für die Ausbilderunterweisung nach AEVO, im Rahmen der Fortbildung zum staatlich geprüften Techniker an der BBS ME in Hannover im Unterrichtsfach AdA (Ausbilder der Ausbilder). Das Thema Koaxialkabel wurde hier vertieft.

2. Sachanalyse: Montageanleitung F-Stecker

2.1 Aufgabenstellung

Ein F-Stecker soll mit einen Koaxialkabel verbunden werden. Dieses soll nun dreimal geschehen. Danach werden zwei F-Stecker mit einem F-Verbinder verbunden. Das passende Werkzeug und Arbeitsmaterial wird gestellt. Der F-Stecker muss korrekt mit dem Koaxialkabel befestigt werden.

2.2 Vorgehensweise bei der Montage

Als erster Arbeitsschritt wird das vorhandene Koaxialkabel, was verlängert wird, um ca. 5 cm gekürzt um ein sauberes Ende zu haben. Nun wird der Außenmantel des Kabels mit einem Abisolierer oder Cutter auf ca. 1,5cm gekürzt. Dadurch liegt der äußere Drahtschirm frei. Dieser muss nach hinten geklappt werden, sowie die darunter befindliche Alufolie. Je nachdem wie viele Abschirmungen das Kabel besitzt, wird dieser Vorgang wiederholt. Bis man auf die weiße Schicht (Dielektrikum) über den Innenleiter stößt. Jedoch reicht es eine Schicht der Abschirmung nach hinten zu klappen und den Rest abzuschneiden Falls der vorhandene F-Stecker dick genug ist, können alle Schichten verwendet werden. Als nächsten Schritt wird das Dielektrikum vom Innenleiter entfernt, von Vorne aus gesehen für ca. 8 mm.
Nun kann der F-Stecker auf das Koaxialkabel gedreht werden. Dabei ist zu beachten, dass der Stecker nicht mit dem Innenleiter in Berührung kommt, sowie keine Verbindung zwischen Innenleiter und Abschirmung besteht. Ansonsten besteht ein Kurzschluss auf der Leitung und kein Signal kann zu Stande kommen. Dieses muss nun zweimal wiederholt werden.

2.3 Kontrolle

Das Koaxialkabel sollte nun unbeschädigt und der F-Stecker befestigt sein.
Ist das Koaxialkabel beschädigt, kann es zu Ausfällen in der Satelliten-Anlage kommen, sowie wenn der F-Stecker nicht korrekt befestigt ist, weil dadurch Einstrahlungen und äußere Einflüsse das Signal schädigen.

2.4 Allgemeines

Ein Koaxialkabel sollte möglichst kurz und ohne große Biegungen gehalten werden. Auch jede Art von Verlängerung ist ein Dämpfungsglied.

2.5 Ausbildungsmaterial

- 1x ca. 2m Koaxialkabel
- 3x F-Stecker
- 1x F-Verbinder
- 1x Kombizange
- 1x Abisolierer oder 1x Cutter
- Gliedermaßstab
- Multimeter

2.6 Tätigkeiten

- Kürzen des Koaxialkabels
- F-Stecker aufdrehen
- Anschließen des Koaxialkabels an die vorhandene Satelliten-Anlage

3. Berufsbezug

Diese Tätigkeit bezieht sich auf das 1. Ausbildungsjahr des Informationselektronikers mit Schwerpunkt Geräte- und Systemtechnik. Um eine Praxisbezug herzustellen, werden ihm die Funktionen und Einsatzbereiche genannt. Dieses Kabel dient dazu um vorhandene Satelliten-Anlage zu erweitern, bzw. um den Satelliten Spiegel zu versetzen.

Dem Auszubildenden werden Unterlagen und Anschauungsmaterial zur Verfügung gestellt. Diese befinden sich im Anhang.

4. Lernziele

Das Lernziel bezieht sich auf das erste Ausbildungsjahr des Informationselektronikers Fachrichtung Geräte und System. Dieses kann im Ausbildungsrahmenplan unter Lfd. Nr. 6 (Planen und Organisieren der Arbeit) angeschaut werden

Die Lernziele sind in drei Kategorien als Richt-, Grob-, und Feinlernziele aufgeteilt.

Richtlernziele:
Montieren und Installieren von Infrastruktur erlernen. Kenntnisse über Werkzeug, geeignetes Material sowie die Hinterlassung des Arbeitsplatzes.

Groblernziele:
Leitungen zurichten und mit Verbindungstechnik anschließen

- Die Auftragsunterlagen auf Vollständigkeit überprüfen und mit den Gegebenheiten auf Übereinstimmungen überprüfen
- Arbeitsmaterial und Werkzeug auswählen und Kabel verbinden
- Leitungen zurichten und mit Anschlusstechnik verarbeiten

Feinlernziel:
Verlängerung eines Koaxialkabels mit F-Steckern und F-Verbindern.
Der Auszubildende soll nach der Unterweisung das Gelernte weiter vertiefen, um später diese Arbeit selbstständig durchzuführen.

- Den Arbeitsauftrag selbständig lesen und dabei verstehen
- Das Arbeitsmaterial auf Vollständigkeit überprüfen
- Die Vorgehensweise planen
- Das Koaxialkabel auf die bestimmte Länge kürzen
- Mittels eines Abisolierers wird die Ummantelung entfernt (ca. 12mm)
- Das freigelegte Geflecht wird nun nach hinten über den äußeren Mantel geklappt
- Mit der zweiten Seite des Abisolierers wird der Innenleiter ca. 8mm freigelegt
- Auf das Kabel wird der F-Stecker im Uhrzeigersinn, bis der Innenleiter ca. 1mm rausschaut heraufgedreht
- Falls der Innenleiter (Seele) länger ist, wird er gekürzt und der Außenschirm (Alufolie und Drahtgeflecht) soll gar nicht herausschauen
- Zum Schluss wird kontrolliert ob auch keine Verbindung zwischen Außen- und Innenleiter ist (Kurzschluss)
- Der Ausbilder begutachtet nun den Aufbau und erklärt dabei diesen

5. Lernzielniveau

Es gibt vier Stufen des Lernzielniveaus

1.Stufe Reproduktion

Das Gelernte aus dem Gedächtnis wiedergeben

2.Stufe Reorganisation

Das Gelernte in veränderter Form wiedergeben

3.Stufe Übertragung

Das Gelernte bei anderen Aufgaben/Aufträgen anwenden

4.Stufe Schöpferische Neuleistung

Das Gelernte eigenständig weiterentwickeln und bei Problemen erneut anwenden

Das angestrebte Lernzielniveau ist die 3. Stufe

6. Arbeitszergliederung

Lernschritte (was?) oder Teilvorgang	Erklärung (wie?) oder Kernpunkt	Begründung (warum?)
Den Arbeitsauftrag lesen und verstehen	Die gegebenen Arbeitsunterlagen lesen, ggf. nachfragen	Aufgabenstellungen verstehen lernen
Prüfen der vorhandenen Materialen auf Vollständigkeit	Die Materialliste mit den vorhandenen vergleichen	Um die Arbeit zu vollenden
Kabelweg aussuchen und Material anpassen	Den kürzesten Weg aussuchen und Kabel kürzen	Je länger das Kabel, desto weniger Signalstärke
Kabel für F-Stecher vorbereiten	Dieses wird von mir gezeigt	Damit der F-Stecker passt
Verbindung beider Koaxialkabel herstellen	F-Verbinder aufdrehen	Um eine Verbindung zwischen den F-Steckern herzustellen
Auf Kurzschluss überprüfen	Mit Multimeter auf Durchgang prüfen	Damit Signal am Receiver ankommt
Fertigstellen und Nacharbeiten	Die überstehenden Abschirmungen mit einem Seitenschneider abknipsen	Um einen Kurzschluss zu vermeiden

7. Arbeitssicherheit

- Es ist sehr wichtig dem Auszubildenden den Standort des Erste-Hilfe Kastens zu zeigen
- Es wird mit scharfen Gegenständen hantiert, dadurch besteht Schnittgefahr
- Beim Aufdrehen des F-Steckers besteht Quetschgefahr
- Beim Abknipsen von Gegenständen können diese im Auge landen, deshalb immer die Hand davor halten, um dieses zu vermeiden oder eine Schutzbrille tragen
- Wenn das Koaxialkabel ggf. am LNB abgedreht wird und dieses nicht leicht zugänglich ist, muss die Person mit einem Gurt gesichert werden
- Beim Verwenden einer Leiter immer zu zweit sein, damit einer die Leiter absichert
- Ein Ersthelfer sollte bei großen Baustellen immer dabei sein
- Die Kommunikation muss stets ordentlich sein

8. Arbeitsergonomie

In unserem Fall wird die Arbeit auf einer Werkbank durchgeführt. Dabei wird für genügend Licht und Wärme gesorgt. In den meisten Fällen aber wird die Arbeit auf einem Dachboden durchgeführt, wo kaum Licht vorhanden ist und es ggf. unangenehm kalt sein kann. Also muss für ausreichend Licht dort gesorgt werden.

9. Ablauf nach der „modifizierten Vier-Stufen-Methode"

Die Unterweisung des Auszubildenden erfolgt nach der „modifizierten Vier-Stufen-Methode"

9.1 Erste Stufe: Vorbereitung, Begrüßung, Motivation

9.1.1 Begrüßung Erklärung des Berufsbezug

Der Auszubildende wird zuerst freundlich begrüßt, damit die eine angenehme und spannungsfreie Lernatmosphäre erzeugt wird. Danach wird dem Auszubildenden das Lernziel, das Erlernen vom Montieren eines F-Steckers auf ein Satellitenkabel dargestellt und danach gefragt ob der Auszubildende dieses schon einmal praktisch durchgeführt hat. Damit soll das Interesse bei dem Auszubildenden erweckt werden, sowie die Motivation. Er kann mit „Ja" oder „Nein" antworten. Je nach Antwort beginnt die Unterweisung anders.

9.1.2 Auszubildender mit Vorkenntnissen

Nun soll der Auszubildende uns genau erläutern „Wie" „Wann" und „Wo" und wie Umfangreich es gegebenenfalls war. Er wird auch gefragt in welchen Einsatzgebieten das Verlängern eines Satellitenkabels notwendig ist und dazu einige Beispiele nennen. Danach wird dem Auszubildenden an einem Beispiel der Aufgabenbereich für die Anwendung genannt.

9.1.3 Auszubildender ohne Vorkenntnisse

Dem Auszubildenden wird ein Muster eines Satellitenkabels mit aufgedrehtem F-Stecker vorgeführt. Damit soll ihm gezeigt werden, worüber wir reden. Der Auszubildende soll nun kurz in sich gehen und sich darüber Gedanken machen, „Wie" und „Wo" so etwas eingesetzt wird. Falls notwendig wird er korrigiert. Zum Schluss werden ihm noch konkrete Beispiele genannt und gegebenenfalls Bildmaterial.

9.1.4 Erkundung des Arbeitsplatzes

Als erstes muss der Auszubildende über die Sicherheitsvorschriften unterwiesen werden. Dabei werden ihm der Arbeitsplatz und die dazugehörigen Werkzeuge gezeigt. Natürlich soll der Auszubildende auch hierbei, erst von sich aus erklären, welche Funktion das Werkzeug hat, sowie die verwendeten Materialen.
Korrektes Wissen wird stets gelobt und inkorrektes Wissen wird korrigiert und ausführlich erklärt.

9.2 Zweite und Dritte Stufe: Durchführung, Kontrolle, Bewertung

9.2.1 Gemeinsame Einarbeitung der Lernschritte

Dem Auszubildenden werden die Unterlagen zum Arbeitsauftrag überreicht.
Diese soll er lesen und mit seinen eigenen Worten wiedergeben.
Im selben Zuge soll er erklären auf welche Art und Weise er den Auftrag bearbeitet.
Er soll die Arbeitsschritte und die Vorgehensweise dabei möglichst sehr genau erklären und begründen können. Dabei wird er verbessert und ergänzt. Als Veranschaulichung werden dabei die Unterlagen und das Bildmaterial benutzt.

9.2.2 Durchführung

Der Auszubildende soll den Arbeitsauftrag selbstständig unter Aufsicht anfangen und dabei jeden Arbeitsschritt erklären, damit der Ausbilder gegebenenfalls ihn korrigieren und helfen kann. Immer wenn der Auszubildende etwas korrekt macht, wird er gelobt.

9.2.3 Kontrolle Bewertung

Nachdem der Auszubildende mit der Arbeit fertig ist, soll er seine eigene Arbeit auf Fehler korrigieren und selbst bewerten. Die fachliche Richtigkeit wird ihm aufgezeigt. Nun soll der Aufbau auf die Funktion überprüft werden, dies wird vom Auszubilden selber durchgeführt und dabei kommentiert. Nachdem er damit fertig ist, soll der Auszubildende die Qualität, Vorgehensweise und Richtigkeit seiner eigenen Arbeit bewerten. Damit soll er sich selber fragen, ob er für diese Arbeit Geld bezahlen würde. Dadurch wird ihm die Qualität näher gebracht. Wie immer verbessert der Ausbilder den Auszubildenden.

9.3 Üben und Festigen des Gelernten

Die Wichtigkeit des Gelernten soll nun dem Auszubildenden näher gebracht werden, da er diese neuen Fähigkeiten für seinen späteren Werdegang benötigt. Falls er noch weitere Fragen haben sollte, kann er diese nun stellen. Das ganze Verfahren soll er nun erläutern um sicherzustellen, dass er alles verinnerlicht hat.

10. Unterlagen für den Auszubildenden

Koaxialkabel

Aufbau eines Koaxialkabels:

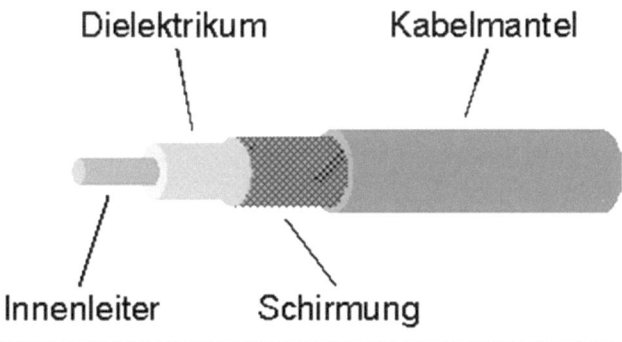

Ein Koaxialkabel wird überall dort eingesetzt wo hohe Frequenzen übertragen werden, die gegen Störungen abgeschirmt werden müssen.
Das Einsatzgebiet ist meist Kabel-, Terrestrische-, und Satellitenanlagen.

Ein Koaxialkabel besteht aus einen Innenleiter, Kabelmantel, Schirmung sowie Dielektrikum. Alle Verbindungen sind Koaxial (mit der Achse) verbunden.

Das zu übertragende Signal wird moduliert und als eine Art Wechselspannung am Außen- und Innenleiter übertragen.

Der Wellenwiderstand für Fernseh- und Breitbandübertragungen beträgt 75 Ohm.
Bei anderen Koaxialkabeln werden z.B. 50 Ohm verwendet, da das Kabel für andere Zwecke verwendet wird.

Das Koaxialkabel leitet elektr. magnetische Signale vom Eingang zum Ausgang.
So eine Leitung hat völlig andere Eigenschaften bei einer hohen Frequenz, als bei einer niedrigen Frequenz, siehe -> Dämpfung.

Biegeradius

Der Biegeradius darf nie überschritten werden, da sonst stehende Wellen auftreten können, die dann zu Störungen oder Ausfall führen können. Es kann sogar dazu führen, dass der Innenleiter bricht. Der Biegeradius wird immer vom Hersteller angegeben und darf keinesfalls überschritten werden.

Bandbreite

Die Bandbreite gibt an wie viele Daten über die Leitung auf einmal geschickt werden können.

Schirmungsmaß

Das Schirmungsmaß wird in dB/m angegeben und gibt an um wie viel der innere Leiter vor elektromagnetischen Einflüssen geschützt wird. Die Abschirmung sollte so hoch wie möglich sein, da jeder Haushalt, z.B. W-Lan hat und dieses Signal im Koaxialkabel beeinträchtigt.

Dämpfung

Koaxialkabel mit Dämpfungen (450MHz, 1350MHz, 2050MHz und 2500MHz)									
Koaxialkabel (100 Meter)	Innenleiter	Außendurchmesser	Abschirmung	Isolation	Biegeradius	Dämpfung 450MHz	Dämpfung 1350 MHz	Dämpfung 2050 MHz	Dämpfung 2500 MHz
75040	Cu	4,1 mm	Cu-Geflecht + Folie	2,6 mm	30 mm	33,5dB	56,6dB	70,0dB	k.A.
75065	Cu	5,9 mm	Cu-Geflecht + Folie	3,7 mm	30 mm	22,0dB	38,0dB	48,0dB	k.A.
75075	Cu	7,0 mm	Cu-Geflecht + Folie	4,8 mm	30 mm	17,5dB	34,4dB	45,8dB	k.A.

Die Dämpfung gibt an um wie viel sich der Pegel im Zusammenhang zur Frequenz vermindert. Dieses wird in dB (Dezibel) angegeben. Je höher die Frequenz ansteigt, desto höher wird auch die Dämpfung dazu.

<u>Kabelmantel</u>

Es gibt Kabelmantel für den Innen- sowie für den Außenbereich.
Die für den Außenbereich sind meist schwarz und gegen UV-Strahlungen beständig.
Wenn jedoch ein Innenmantel für den Außenbereich verwendet wird, wird dieser nach kurzer Zeit starr und porös, da dieser keinen guten Schutz gegen UV-Strahlungen hat.

11. Anhang

11.1 Quellenverzeichnis

http://www.itwissen.info/definition/lexikon/Koaxialkabel-COAX-coaxial-cable.html

http://de.wikipedia.org/wiki/Koaxialkabel

http://www.kathrein.de/de/sat/index.htm

sowie eigenes Wissen

BEI GRIN MACHT SICH IHR WISSEN BEZAHLT

- Wir veröffentlichen Ihre Hausarbeit, Bachelor- und Masterarbeit

- Ihr eigenes eBook und Buch - weltweit in allen wichtigen Shops

- Verdienen Sie an jedem Verkauf

Jetzt bei www.GRIN.com hochladen und kostenlos publizieren